je lis, je fourmille, je grandis

22, rue Huyghens – 75014 Paris www.albin-michel.fr
Loi 49956 du 16 juillet 1949 sur les publications destinées à la jeunesse.
Dépôt légal : premier semestre 2002 — N° d'édition : 12 266 — ISBN : 2 226 11953 1
Imprimé en Italie par Officine Grafiche de Agostini

MUZO

AMANDA CRAPOTA
L'apprentie sorcière

ALBIN MICHEL JEUNESSE

Je m'appelle Amanda Crapota.
Avec ma maman, on vient d'emménager
dans une nouvelle maison.

On a fait connaissance avec la voisine.

Sa fille s'appelle Marie-Grenadine.

Le lendemain, Maman
les a invitées pour le thé.

«Et voila, c'est ici !»

Tu veux un bonbon ?

Mais... ils sont tout collants !

Bien sûr, je les ai déjà goûtés !
Mais... c'est dégoûtant !
Si t'en veux pas, tant pis !

Mais t'as tort, ils sont drôlement bons !
Viens, je vais te montrer un truc !

Alors là, j'allais vraiment l'épater !

BEURK !
?
T'y connais rien !
Personne ne voudra acheter un parfum qui s'appelle "Beurk !"
Mais c'est pas grave. Viens voir par ici...

Mais où est-il passé ?

Ah ! le voilà !

Je te présente Varicelle. Tu veux lui faire un bisou ?

Alors là, j'ai pas pu me retenir...

et, instantanément, son visage...

...s'est couvert de gros poils noirs.

Quand elle l'a vue, sa mère est carrément tombée dans les pommes.

AMANDA !

Qu'est-ce que tu as fait encore ?
C'est elle qui a commencé !

Maman était vraiment furieuse.

On a entendu un grand cri.

À ce moment-là, la mère de Marie-Grenadine a retrouvé ses esprits.

« Je vais tout arranger », a dit Maman !

En deux minutes, elle a préparé une potion.

C'était vraiment infect mais Marie-Grenadine a bien été obligée de l'avaler...

...et tous ses poils sont tombés.

On a bien essayé de les retenir mais

elles avaient l'air très pressées de partir.

J'en ai marre de tes bêtises !
C'est très vilain ce que tu as fait !
Et regarde-moi quand je te parle !

Et moi de quoi j'ai l'air ?
Tu t'en fiches, bien sûr !

Soudain, on a entendu
des coups violents contre la porte.

C'était le papa de Marie-Grenadine.

Je suis désolée! Amanda ne l'a pas fait exprès! Si vous voulez, elle va s'excuser...

Mais pas du tout !
Je voudrais juste qu'elle me fasse pousser quelques poils sur le caillou !